Cristina González Virseda

APULEYO EDICIONES   FOMENTO DE VALORES   CUENTOS ILUSTRADOS

*el Cumpleaños de Vega

APULEYO EDICIONES   FOMENTO DE VALORES   CUENTOS ILUSTRADOS

Después de la tormenta el bosque huele a fresco, las luciérnagas dan paso a los cantos de los pajarillos y convocan al sol para dar su luz y color a un nuevo día.

Vega se asoma cada mañana para saludar a los animalillos que, con cariño, van a visitarla todos los días. Ella, entusiasmada, sale por la ventana.

—¡Hola, buenos días! Luego salgo a jugar —les dice.

Ellos se alborotan de alegría y van a esperarla como cada día.

De pronto, papá se asoma por la puerta y Vega dice:

—¡Papá! —Se llama Mario, es un papá maravilloso—. ¡Papá! —le vuelve a decir con alegría.

Y él le pregunta a Vega:

—¿Con quién hablas?

Ella le sonríe porque, claro, los animalillos son su gran secreto. Bueno, ellos y alguien más: la bruja Befana.

—¡Vamos a desayunar! —chilla Mamá Montse desde la cocina.

—¡Ya vamos, mamá! —dice Vega.

Los dos bajan al jardín y allí una gran mesa con su rico desayuno les espera. Es el mejor sitio y las vistas son preciosas, con un bosque lleno de color con sus rayos del sol iluminando hasta casi el fondo del bosque.

Se sientan a disfrutar de la maravillosa mañana y de repente mamá le dice a Vega:

——¡Hoy es tu gran día!

Los animalillos que están esperando lo oyen, se sorprenden y cuchichean entre ellos. ¡Alegría! Mamá dice:

——Hoy haces un año más. Es tu cumpleaños.

El eco de la voz de mamá llega adentrándose en el bosque donde allí vive alguien muy especial, mayormente en su soledad. Bueno, no, los animalitos son su única compañía.

La bruja Befana, mayor y encantada. En el gran silencio los animalitos llegan exaltados a contarle la noticia.

Empiezan a hablar todos a la vez y chillan:

—¡Bruja Befanaaa! ¡Bruja Befanaaa! Es el gran día. Hoy es el cumpleaños de Vega, nuestra pequeña amiga.

La bruja sigue calentando la sopa en el caldero dándole vueltas y vueltas con un cucharón. El fuego se reaviva y ella contesta:

—Nosotros no seremos invitados a esa celebración. Yo soy una bruja. Los mayores no entienden de los sueños de los niños ni de la magia que tienen para ver y oír lo que ellos no pueden. No creen en la magia, no escuchan su corazón ni los sonidos de la naturaleza. No escuchan ni el canto de los pajarillos. ¡Ayyy! —Suspira. Todos se entristecen.

Alguno dice:

—No puede ser, tenía tantas ganas de celebrarlo con Vega.

Van pasando las horas y a casa de Vega empiezan a llegar los invitados. Vega esta emocionada y echa a correr.

—¡Las primas Angie y Leia!

Se abrazan y la felicitan. Se ponen a juguetear como locas, pero Vega no deja de mirar disimuladamente alrededor. Busca algo o a alguien, a sus amigos.

Se vuelve al ver venir más gente. Vega reacciona:

——¡Los abuelitos!

Llegan el abuelito Francisco y abuelita Manola. Ellos son tan buenos... Los otros abuelos también aparecen; son Loli y José. Y la gran tía Mamen, la prima Irati... ¡Ah, me encanta! Tiene un nombre precioso. Es un nombre de bosque.

También aparecen Iñigo, Martín e Itziar, que son primos de Vera. Y Cristian e Izan con sus papás Dani y Elena.

—¡Ay qué de gente viene! —dice Vega.

Está superfeliz. Todos se van reuniendo en el porche, pero Vega aún espera a alguien más.

Se queda parada de repente. Al otro lado del bosque la bruja del caldero le hace llegar unas notas musicales. Ella, atenta, dice:

—¡Qué gran melodía!

Y tita Mari, tío Antonio y Héctor también se les acercan. La alegría de la fiesta pone su música donde van.

La bruja Befana sigue dando vueltas al caldero mientras los animalillos no la dejan parar. Le preguntan:

—¿Estás triste, bruja Befana? —dice una tortuga hermosa.

La ardilla también se lo pregunta. A la bruja se le cae una lagrima en el caldero. De pronto, en el silencio, Vega corre a buscar a sus amiguitos y a la bruja Befana. En casa nadie entiende nada. Angie y Leia le preguntan:

—¿Qué te pasa, Vega? —Y, de pronto, desde lo más hondo del bosque se les ve llegar.

Algunos animalitos se despistan y se agarran a la ropita de Befana. Vienen con regalos. Angie y Leía exclaman:

—¡Viene una bruja, qué miedo!

Vega echa a correr abrazándose a la bruja y a los animalitos. La familia entera sigue sin entender qué está pasando. Vega los mira a todos y les dice:

—Ellos son muy especiales para mí.

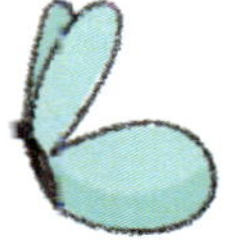

La bruja Befana les trae un mensaje:

—Cada noche las luciérnagas y hadas del bosque cuidan los sueños de Vega. Los animalitos la protegen al levantarse cada mañana y yo, como su bruja Befana, la protejo de los daños del bosque.

La familia entera no sabe qué hacer, pero ven a Vega tan feliz que los reciben con los brazos abiertos. Todo es alegría. Todo son risas. ¡Es tan bonito!

Para Vega es el día más feliz. Recibe muchos regalos, pero el mejor de todos es el amor. ¡Ese es el mejor regalo!

©Cristina González Virseda (de la obra)
©Apuleyo Ediciones (de esta edición)
Primera edición en Apuleyo Ediciones: febrero 2025
Diseño de cubierta: Alejandro Rosas
Corrección: Aida Ramos
Maquetación: Alejandro Rosas
Ilustraciones: Angie Alzate
Coordinación editorial: Isidoro Cidre González
info@apuleyoediciones.com
www.apuleyoediciones.com
ISBN: 978-84-1060-489-6
Depósito legal: H 643-2024

Hecho e impreso en España.